FITNESS-STRATEGIEN FÜR GAMER

Jasper Virtus

EFKO-Verlag

CONTENTS

EINLEITUNG: WARUM FITNESS FÜR GAMER WICHTIG IST

Gaming ist für viele eine Leidenschaft, und das Eintauchen in virtuelle Welten kann uns stundenlang fesseln. Doch während wir uns mental und strategisch voll auf das Spiel konzentrieren, bleibt der Körper oft in einer passiven Haltung – meist sitzend und mit wenig Bewegung. Diese wiederholte Sitzposition über längere Zeit kann ernsthafte gesundheitliche Auswirkungen haben, wenn sie nicht durch eine aktive Lebensweise ausgeglichen wird.

Stundenlanges Sitzen führt dazu, dass unsere Muskeln, besonders im Rücken, Nacken und in den Beinen, weniger aktiviert sind. Die „Steifheit", die viele nach einer langen Gaming-Session spüren, ist nur der Anfang. Studien zeigen, dass langes Sitzen den Blutfluss einschränkt, was langfristig die Risiken für Herz-Kreislauf-Erkrankungen und Muskelverspannungen erhöht. Zudem werden durch das Sitzen bestimmte Muskeln verkürzt, besonders in der Hüfte, was zu Haltungsproblemen und sogar Rückenschmerzen führen kann.

Ein weiteres Problem ist die Haltung vor dem Bildschirm. Gamer neigen dazu, sich nach vorne zu lehnen oder die Schultern einzuknicken, um näher am Bildschirm zu sein. Diese Haltung belastet den Nacken und kann zu einem sogenannten „Tech-Nacken" führen – einer Krümmung, die Verspannungen im oberen Rücken und Nacken verursacht. Über die Zeit können sich daraus dauerhafte Haltungsschäden entwickeln.

Wie Bewegung das Spiel und die Gesundheit verbessert

Bewegung ist der Schlüssel, um die negativen Effekte des langen Sitzens abzumildern und die allgemeine Gesundheit zu fördern. Schon einfache Übungen und kleine Bewegungen zwischen den Gaming-Sessions können die Durchblutung anregen und die Flexibilität steigern. Wenn Gamer regelmäßig pausieren und sich bewegen, spüren sie oft eine Verbesserung ihrer Konzentration und Wachsamkeit im Spiel.

Wissenschaftliche Studien belegen, dass Bewegung nicht nur den Körper, sondern auch das Gehirn positiv beeinflusst. Regelmäßige sportliche Aktivität fördert die Ausschüttung von Endorphinen, die stimmungsaufhellend wirken und den Stresspegel senken. Dadurch wird man beim Spielen ruhiger und kann unter Druck besser Entscheidungen treffen. Für Spiele, die schnelle Reaktionen erfordern, ist das besonders wertvoll.

Körperliche Fitness kann auch die Hand-Auge-Koordination und die Reflexe verbessern – zwei Fähigkeiten, die besonders in vielen Spielen gefragt sind. Sportliche Betätigung, wie Koordinationsübungen oder einfache Bewegungsspiele, kann diese Fähigkeiten stärken und Gamer so in den Spielen erfolgreicher machen. Man könnte also sagen: Wer fit ist, spielt besser!

Überblick: Fitness-Strategien und das richtige Mindset

Der erste Schritt zu einem fitten Gamer-Lifestyle beginnt mit der Einstellung. Viele Gamer denken, dass sie durch ihre Sitzposition oder ihre Spielzeiten nicht gefährdet sind – schließlich sind es „nur ein paar Stunden". Doch ein gesundes Mindset ist entscheidend. Es bedeutet, dass man Verantwortung für seine eigene Gesundheit übernimmt und Bewegung in den Alltag integriert, selbst wenn man viel Zeit vor dem Bildschirm verbringt.

Es gibt viele einfache Strategien, um Bewegung in den Gaming-Alltag einzubauen. Eine beliebte Methode ist die „5-Minuten-Pause": Alle 45 bis 60 Minuten aufzustehen, sich zu strecken und ein paar Schritte zu gehen. Diese kurzen Pausen fördern die Durchblutung und helfen, die Konzentration aufrechtzuerhalten. Man kann auch kleine Workouts in den Tag einbauen, die speziell für die bei Gamern oft verspannten Muskeln konzipiert sind. Besonders hilfreich sind Übungen für den Rücken, den Nacken und die Beine, die Verspannungen lösen und den Körper beweglich halten.

Für Gamer, die tiefer einsteigen möchten, kann auch ein regelmäßiges Fitnessprogramm sinnvoll sein. Dazu gehören Grundübungen wie Kniebeugen, Ausfallschritte und Dehnübungen, die sich gut in den Alltag einbauen lassen und ohne spezielle Ausrüstung durchführbar sind. Wichtig ist es, klein anzufangen und die Intensität langsam zu steigern. Mit der Zeit entwickelt man so nicht nur eine stärkere Muskulatur, sondern auch die Ausdauer und Konzentration, die beim Spielen oft entscheidend sind.

Fazit

Am Ende dieser Einführung steht fest: Fitness und Gaming sind kein Widerspruch, sondern können sich ideal ergänzen. Wer sich um seine Gesundheit kümmert und ein paar einfache Strategien umsetzt, kann die Nachteile des langen Sitzens ausgleichen und gleichzeitig seine Leistung im Spiel verbessern. Bewegung und ein gesundes Mindset tragen dazu bei, dass Gaming ein langfristiges, gesundes Hobby bleibt – denn der wahre Gewinner ist am Ende derjenige, der seine körperliche und mentale Fitness beibehält und auch in zehn Jahren noch mit Freude spielen kann.

KAPITEL 1: DIE GRUNDLAGEN DER GAMER-GESUNDHEIT

Ergonomie: Der perfekte Gaming-Platz

Ein idealer Gaming-Platz ist mehr als nur ein bequemer Stuhl und ein großer Bildschirm. Ergonomie, also die Anpassung des Arbeitsplatzes an die Bedürfnisse des Körpers, ist der Schlüssel zu gesundem und komfortablem Gaming, insbesondere bei langen Sitzungen.

Der richtige Stuhl

Der Stuhl ist das Herzstück eines ergonomischen Setups. Ein guter Gaming-Stuhl bietet nicht nur Komfort, sondern unterstützt auch die Haltung. Die Höhe sollte so eingestellt sein, dass die Füße flach auf dem Boden stehen und die Knie im rechten Winkel gebeugt sind. Eine verstellbare Lendenstütze hilft dabei, die natürliche Krümmung des unteren Rückens zu unterstützen und Rückenschmerzen zu vermeiden.

Die Schreibtischhöhe

Auch der Schreibtisch sollte auf die Körpergröße abgestimmt

sein. Die Ellbogen sollten auf der Tischhöhe aufliegen können, ohne dass die Schultern hochgezogen oder die Arme nach unten abgeknickt werden müssen. Dies verringert die Belastung der Schultern und hilft, Verspannungen im Nacken zu vermeiden.

Monitor-Position

Die Position des Bildschirms ist entscheidend für den Nacken. Der obere Bildschirmrand sollte etwa auf Augenhöhe liegen, sodass man leicht nach unten blickt. Ein Abstand von etwa 50–70 cm ist ideal, je nach Bildschirmgröße. So kann man Überanstrengungen der Augen und des Nackens vermeiden und eine entspannte Haltung einnehmen.

Tastatur und Maus

Auch die Position von Tastatur und Maus ist wichtig. Beide sollten bequem erreichbar sein, ohne dass die Handgelenke abgeknickt werden. Ergonomische Mauspads und Handballenauflagen für die Tastatur können zusätzlich entlastend wirken und das Risiko für das Karpaltunnelsyndrom verringern, das durch wiederholte Belastung entstehen kann.

Pausen effektiv nutzen

Eine der größten Herausforderungen beim Gaming ist das kontinuierliche Sitzen. Lange Gaming-Sessions sind mit hohen Konzentrationsanforderungen verbunden, was oft dazu führt, dass Gamer stundenlang ohne Pause spielen. Diese Gewohnheit ist jedoch langfristig schädlich für die Gesundheit. Regelmäßige Pausen, in denen man sich bewegt und streckt, sind wichtig, um Verspannungen vorzubeugen und die Durchblutung zu fördern.

Die 20-20-20-Regel

Eine einfache Methode, um die Augen zu entlasten, ist die sogenannte 20-20-20-Regel: Alle 20 Minuten schaut man für 20 Sekunden auf etwas, das 20 Fuß (etwa 6 Meter) entfernt ist. Dies hilft, die Augen zu entspannen und ihre Fokussierungsfähigkeit zu verbessern, die durch das lange Starren auf den Bildschirm beeinträchtigt werden kann.

Stretching-Übungen während der Pausen

In den Spielpausen können kurze Stretching-Übungen für Nacken, Schultern und Beine durchgeführt werden. Eine Nackenrolle (langsames Kreisen des Kopfes) und Schulterkreisen lockern die Muskulatur im oberen Rücken. Auch das Strecken der Beine, zum Beispiel durch das Hochziehen der Knie im Sitzen, fördert die Durchblutung und verhindert das Einschlafen der Beine.

Bewegung zwischen den Runden

Man kann auch Pausen einlegen, wenn es das Spiel zulässt, etwa nach jedem Level oder in einem neuen Spielabschnitt. Ein paar Schritte durch den Raum, leichtes Auf-der-Stelle-Gehen oder eine kurze Runde Yoga können den Kreislauf anregen und die Muskeln lockern. Die Pausenzeit lässt sich so effektiv nutzen und hilft, den Körper auf die nächste Spielrunde vorzubereiten.

Erste Schritte zu besserer Fitness – kleine Gewohnheiten einbauen

Viele Gamer denken, dass Fitness große Veränderungen oder lange Trainingseinheiten erfordert. Dabei kann man schon mit kleinen, regelmäßigen Bewegungen große Effekte erzielen. Durch das Einbauen kurzer Übungen und neuer Gewohnheiten lässt sich die Fitness ohne großen Aufwand verbessern.

1. Kurze Aufwärmübungen vor dem Spielen

Einige Minuten Bewegung vor dem Spielen können die Blutzirkulation fördern und die Muskeln aufwärmen. Einfache Übungen wie Hampelmänner, Kniebeugen oder Armkreisen reichen schon aus. So ist der Körper vorbereitet und es fällt leichter, länger konzentriert zu bleiben.

2. Einfache Körpergewichtsübungen

Übungen wie Kniebeugen, Liegestütze oder Planks (Unterarmstützen) erfordern keine Ausrüstung und können jederzeit durchgeführt werden. Besonders Kniebeugen sind ideal, um die Durchblutung in den Beinen anzuregen und die Muskeln zu aktivieren. Diese Übungen lassen sich gut während der Pausen integrieren und trainieren nebenbei auch die Kondition.

3. Gezieltes Training für die Nacken- und Schultermuskulatur

Nacken und Schultern sind bei Gamern oft besonders verspannt. Eine gezielte Kräftigung dieser Bereiche kann Schmerzen und Verspannungen verhindern. Übungen wie Schulterheben (Schultern anheben und wieder absenken) und Nacken-Dehnungen (Kopf vorsichtig zur Seite neigen) helfen, die Haltung zu verbessern und den Muskelaufbau zu fördern.

4. Dehnen nach dem Spielen

Nach einer Gaming-Session ist der Körper oft angespannt. Einige Minuten Stretching nach dem Spielen können helfen, die Muskeln zu entspannen und die Beweglichkeit zu erhalten. Die Beine, der Rücken und der Nacken profitieren besonders von einer regelmäßigen Dehnung.

5. Schrittzähler und kleine Ziele

Ein Schrittzähler oder eine Fitness-App kann helfen, ein Bewusstsein für die eigene Bewegung zu entwickeln und realistische Ziele zu setzen. Schon 5.000 bis 10.000 Schritte täglich können das Wohlbefinden steigern und das Risiko für typische Sitz-Erkrankungen senken. Solche kleinen Ziele lassen sich leicht erreichen und fördern eine gesunde Routine.

Fazit

Dieses Kapitel hat die Grundlage dafür gelegt, wie Gamer sich durch ergonomische Anpassungen, regelmäßige Pausen und kleine Fitnessgewohnheiten fit halten können. Mit einem ergonomischen Gaming-Platz, der richtigen Haltung und gezielten Bewegungen lässt sich die eigene Gesundheit langfristig bewahren. Gaming und Fitness schließen sich nicht aus – mit den richtigen Strategien kann man beides vereinen und so seine Leiden schaft fürs Spielen und die Gesundheit fördern.

KAPITEL 2: FIT
MIT VR UND
BEWEGUNGSSPIELEN

Beliebte VR-Spiele, die echte Bewegung fördern
Mit der zunehmenden Beliebtheit von VR-Gaming (Virtual Reality) erleben viele Gamer Fitness auf eine neue Weise: Spiele, die Bewegung erfordern, verwandeln Training in ein aufregendes Abenteuer. Hier einige der beliebtesten VR-Spiele, die besonders gut für Bewegung und Fitness geeignet sind:

Beat Saber

Beat Saber ist ein Rhythmus-Spiel, bei dem Spieler virtuelle Lichtschwerter schwingen, um im Takt der Musik heranfliegende Blöcke zu zerschlagen. Diese Bewegungen fördern die Koordination, Kondition und bieten ein intensives Arm- und Oberkörpertraining. Beat Saber ist ein perfektes Beispiel dafür, wie Fitness durch einfache, aber dynamische Bewegungen in ein Spiel integriert werden kann.

Superhot VR

Superhot VR ist ein spannendes Actionspiel, bei dem die Zeit nur weiterläuft, wenn sich der Spieler bewegt. Man muss strategisch denken und die eigene Position ständig verändern, um Angriffen auszuweichen und Gegner zu besiegen. Diese intensiven Bewegungen erfordern Gleichgewicht und fördern eine bessere Körperkontrolle, besonders für die Bein- und Rumpfmuskulatur.

BoxVR

BoxVR simuliert ein Box-Training und bietet eine Mischung aus Schlägen, Kniebeugen und Ausweichbewegungen. Es ist ein ideales Ganzkörper-Workout und ermöglicht intensives Herz-Kreislauf-Training. BoxVR enthält auch vorgefertigte Workouts und Musik, die das Training motivierend und abwechslungsreich gestalten.

The Thrill of the Fight

Hierbei handelt es sich um ein realistisches Boxspiel, das den Spieler herausfordert, sich wie ein echter Boxer zu bewegen. Durch die Kombination von Ausweich- und Angriffstechniken wird das Training intensiviert. The Thrill of the Fight beansprucht den gesamten Körper und hilft dabei, Kraft und Ausdauer zu verbessern.

Holopoint

Holopoint ist ein VR-Spiel, das Bogenschießen simuliert. Der Spieler muss sich schnell bewegen, um Zielscheiben zu treffen, während er Angriffen ausweicht. Dieses Spiel ist ein effektives Training für Reflexe, Koordination und Gleichgewicht und fordert den Oberkörper heraus, insbesondere Arme und Schultern.

Vorteile der virtuellen Realität für Fitness

Virtuelle Realität bietet eine einzigartige Möglichkeit, Bewegung und Spaß zu kombinieren. Im Gegensatz zu traditionellen Spielen, die meist im Sitzen gespielt werden, erfordern VR-Spiele häufig, dass Spieler aktiv sind und sich bewegen. Diese Vorteile von VR-Fitness sind besonders erwähnenswert:

Erhöhte Motivation durch Spielfreude VR-Spiele sind oft so unterhaltsam und fesselnd, dass Spieler sich freiwillig bewegen, ohne das Gefühl zu haben, Sport zu machen. Da viele Menschen das traditionelle Training als langweilig empfinden, bietet VR eine unterhaltsame Alternative, die Bewegung auf natürliche Weise fördert.

Verbesserung der kognitiven Fähigkeiten Viele VR-Spiele trainieren nicht nur den Körper, sondern auch das Gehirn. Spiele wie Superhot VR, die schnelles Denken und strategisches Handeln erfordern, fördern die Konzentration und verbessern die Reaktionszeit. Die Kombination aus mentaler und physischer Herausforderung kann besonders vorteilhaft sein, um Körper und Geist zu trainieren.

Flexibilität und Individualisierung Mit VR können Spieler in ihren eigenen vier Wänden trainieren, ohne ins Fitnessstudio zu gehen. Viele VR-Fitnessspiele bieten eine Vielzahl von Intensitätsstufen und Workout-Optionen, die es dem Spieler ermöglichen, das Training an die eigene Fitness und die Tagesform anzupassen.

Ganzkörper-Workouts ohne zusätzliche Ausrüstung VR bietet die Möglichkeit für ein intensives Workout, ohne dass zusätzliche Geräte oder Gewichte erforderlich sind. Der eigene Körper und die virtuellen Tools reichen aus, um alle Muskelgruppen zu aktivieren. So lassen sich sowohl Ausdauer als auch Kraft trainieren.

Kalorienverbrennung und Gewichtsmanagement Viele VR-Spiele führen zu einer erheblichen Kalorienverbrennung, ohne dass die Spieler es bewusst wahrnehmen. Ein Spiel wie Beat Saber kann innerhalb einer Stunde zwischen 400 und 600 Kalorien verbrennen, vergleichbar mit einem Cardiotraining. Diese Art von Spielen ist daher ideal für alle, die Bewegung in ihren Alltag einbauen und nebenbei Kalorien verbrennen möchten.

Empfohlene Setups und Sicherheitsaspekte

Um die Vorteile von VR-Spielen sicher nutzen zu können, ist ein gut eingerichtetes Setup unerlässlich. Hier einige wichtige Aspekte, um das Erlebnis so sicher und effektiv wie möglich zu gestalten:

Sicherer Spielbereich Der VR-Bereich sollte frei von Hindernissen sein. Ein Raum von etwa 2 x 2 Metern oder mehr ist ideal. Die Möbel sollten beiseitegeschoben werden, um versehentliche Kollisionen mit Objekten zu vermeiden. Außerdem kann ein „Boundary-System" in VR (eine virtuelle Grenze) helfen, den sicheren Bereich zu erkennen.

Bequemes und passendes VR-Headset Komfort ist wichtig, besonders wenn man längere Zeit spielt. Ein leichtes und verstellbares VR-Headset hilft, Druckstellen zu vermeiden. Für Brillenträger gibt es spezielle Einsätze, die den Sitz des Headsets verbessern und sicherstellen, dass die Brille bequem passt.

Richtige VR-Ausrichtung und Kalibrierung Vor dem Start sollte das VR-Headset und die Controller kalibriert werden, um die Bewegungen korrekt in die virtuelle Welt zu übertragen. Diese Einstellung ist besonders wichtig bei Bewegungsspielen, da sie sicherstellt, dass die Bewegungen des Körpers präzise im Spiel dargestellt werden.

Sichere Kabelverlegung Falls das VR-Headset kabelgebunden ist, sollten die Kabel sicher verlegt werden, um Stolperfallen zu vermeiden. Viele Gamer verwenden spezielle Clips, die die Kabel an der Decke oder Wand befestigen, sodass diese nicht im Weg sind.

Kleine Pausen einplanen Auch wenn VR-Gaming unterhaltsam ist, kann es anstrengend sein und den Gleichgewichtssinn belasten. Kurze Pausen alle 30 bis 45 Minuten helfen, die Augen zu entspannen und dem Körper eine Pause zu gönnen. In den Pausen sollte man das Headset abnehmen, um die Augen an die reale Umgebung zu gewöhnen.

Auf den Körper hören Bewegung in VR kann intensiv sein, besonders bei Spielen mit hohem Bewegungsaufwand. Wenn man spürt, dass man erschöpft ist oder die Muskeln sich anstrengen, sollte man eine Pause einlegen. Ein schrittweises Training mit VR-Spielen hilft, die Kondition langsam aufzubauen und Verletzungen zu vermeiden.

Fazit

Virtual Reality hat das Potenzial, Gaming und Fitness auf eine faszinierende Weise zu verbinden. Beliebte VR-Spiele fördern echte Bewegung und bieten so eine Möglichkeit, Fitness mit Spaß und Spielfreude zu verbinden. Durch ein sicheres Setup und das Beachten von Sicherheitsaspekten kann VR zu einem festen Bestandteil eines gesunden Lebensstils werden. VR macht Fitness für Gamer zugänglich und zeigt, dass sich Spiel und Bewegung ideal ergänzen können

KAPITEL 3: GAMING-WORKOUTS FÜR DAHEIM

Workout-Routinen für Pausen und nach dem Spielen

Gaming-Pausen können optimal genutzt werden, um kurze Workouts durchzuführen, die die Durchblutung fördern, die Muskulatur stärken und Verspannungen lösen. Hier sind einige einfache Übungen, die man während Pausen oder nach dem Spielen ausprobieren kann.

Pausen-Workout: 5-Minuten-Express-Routine

Diese kurze Routine ist ideal für Gaming-Pausen und lässt sich innerhalb weniger Minuten durchführen, um die Muskulatur zu aktivieren und die Durchblutung zu fördern.

Nacken- und Schulterkreisen (1 Minute): Stellen Sie sich aufrecht hin und kreisen Sie langsam die Schultern nach vorne und nach hinten. Neigen Sie anschließend den Kopf vorsichtig nach rechts und links, um die Nackenmuskulatur zu entspannen.

Kniebeugen (1 Minute): Stehen Sie mit den Füßen schulterbreit auseinander und senken Sie das Gesäß langsam nach unten, als wollten Sie sich hinsetzen. Kehren Sie dann wieder in die Ausgangsposition zurück. Kniebeugen fördern die Durchblutung in den Beinen und stärken die Oberschenkelmuskulatur.

Armkreisen (1 Minute): Strecken Sie die Arme zur Seite und machen Sie kleine Kreise. Beginnen Sie mit kleinen Kreisen und machen Sie sie allmählich größer. Diese Übung stärkt die Schultern und Arme.

Plank-Halten (1 Minute): Legen Sie sich in die Liegestützposition und stützen Sie sich auf den Unterarmen ab. Halten Sie diese Position für eine Minute, um die Bauch- und Rückenmuskulatur zu stärken.

Lunges (Ausfallschritte) (1 Minute): Machen Sie mit einem Bein einen großen Schritt nach vorne und beugen Sie das Knie, bis das hintere Knie fast den Boden berührt. Wechseln Sie das Bein. Lunges stärken die Beine und verbessern das Gleichgewicht.

Cool-Down-Workout nach dem Spielen

Ein kurzes Cool-Down nach einer längeren Gaming-Session hilft, die Muskeln zu entspannen und Verspannungen vorzubeugen. Diese Routine dauert etwa 5–10 Minuten.

Katzen-Kuh-Stretch (1 Minute): Gehen Sie auf alle viere und machen Sie abwechselnd ein Hohlkreuz und einen Katzenbuckel, um die Wirbelsäule zu mobilisieren.

Vorbeuge im Stehen (1 Minute): Stehen Sie aufrecht, atmen Sie tief ein und beugen Sie sich dann mit gestreckten Beinen langsam nach vorne. Lassen Sie den Oberkörper entspannt hängen.

Hüftöffner (1 Minute pro Seite): Im Ausfallschritt das hintere Knie am Boden ablegen und das Becken nach vorne schieben, um die Hüftmuskulatur zu dehnen.

Seiten-Dehnung im Sitzen (1 Minute pro Seite): Setzen Sie sich im Schneidersitz und strecken Sie einen Arm über den Kopf zur Seite. Diese Dehnung lockert den seitlichen Oberkörper.

Kombinationen aus Cardio und Kraft für Gamer

Regelmäßige Cardio- und Kraftübungen tragen zur allgemeinen Fitness bei und verbessern die Ausdauer. Diese Workout-Routinen können am Ende einer Gaming-Session durchgeführt werden und dauern jeweils etwa 10–15 Minuten.

1. 10-Minuten-Cardio-Kraft-Kombination

Dieses Workout eignet sich besonders gut, um Herz und Muskulatur gleichzeitig zu fordern. Die Kombination aus Cardio- und Kraftübungen verbessert sowohl die Ausdauer als auch die Körperkraft.

Jumping Jacks (1 Minute): Die klassische Cardio-Übung, um den Kreislauf in Schwung zu bringen und die Beine zu trainieren.

Push-Ups (Liegestütze) (1 Minute): Eine perfekte Übung für Brust, Schultern und Arme. Variieren Sie zwischen breiten und engen Push-Ups, um unterschiedliche Muskelgruppen zu beanspruchen.

Mountain Climbers (1 Minute): Stellen Sie sich in die Liegestützposition und ziehen Sie abwechselnd die Knie zum Oberkörper. Diese Übung kombiniert Cardio und Bauchmuskeltraining.

High Knees (1 Minute): Laufen Sie auf der Stelle und ziehen Sie die Knie so hoch wie möglich. Diese Übung verbessert die Koordination und die Ausdauer.

Russian Twists (1 Minute): Setzen Sie sich auf den Boden und lehnen Sie sich leicht nach hinten. Drehen Sie den Oberkörper von links nach rechts, um die seitlichen Bauchmuskeln zu trainieren.

2. 15-Minuten-Bodyweight-Krafttraining

Dieses Workout zielt auf die wichtigsten Muskelgruppen ab und hilft, eine Grundfitness aufzubauen.

Plank (1 Minute): Die klassische Übung für den Rumpf.

Bicycle Crunches (1 Minute): Setzen Sie sich auf den Rücken, legen Sie die Hände an den Hinterkopf und bringen Sie abwechselnd den rechten Ellbogen zum linken Knie und umgekehrt. Diese Übung ist ideal für die Bauchmuskulatur.

Burpees (1 Minute): Beginnen Sie im Stand, gehen Sie in die Hocke, springen Sie in die Liegestützposition, machen Sie einen Liegestütz und springen Sie dann wieder auf. Burpees sind sehr anspruchsvoll und trainieren den ganzen Körper.

Superman (1 Minute): Legen Sie sich auf den Bauch und heben Sie Arme und Beine gleichzeitig an. Dies stärkt den Rücken und den Po.

Seitstütz (jeweils 30 Sekunden pro Seite): Legen Sie sich auf die Seite, stützen Sie sich auf einen Unterarm und heben Sie das Becken an. Der Seitstütz trainiert die seitliche Rumpfmuskulatur.

Mini-Workouts, die während des Spiels integriert werden können

Wenn das Spiel es zulässt, können bestimmte Übungen sogar während des Spielens durchgeführt werden, besonders in ruhigeren Momenten. Hier sind einige Ideen für Mini-Workouts, die leicht in eine Gaming-Session integriert werden können:

1. Stehen statt Sitzen

Anstelle des Sitzens können einige Spiele auch im Stehen gespielt werden. Man kann abwechselnd auf einem Bein stehen, das Gewicht verlagern oder auf der Stelle treten, um den Körper in Bewegung zu halten und die Beine zu stärken.

Wadenheben ist eine einfache Übung, die im Stehen durchgeführt werden kann, indem man sich auf die Zehenspitzen stellt und die Fersen wieder absenkt. Diese Übung kann jederzeit durchgeführt werden und stärkt die Wadenmuskulatur.

3. Ausfallschritte beim Laden

Während Ladezeiten oder in Pausen im Spiel kann man aufstehen und einige Ausfallschritte machen. Dies trainiert Beine und Po und bringt zusätzlich Abwechslung in die Gaming-Routine.

4. Sitzdynamik ändern

Auch im Sitzen kann man kleine Bewegungen integrieren. Zum Beispiel, indem man abwechselnd die Beine hebt und hält, die Bauchmuskeln anspannt oder den Oberkörper leicht dreht. Dies ist besonders hilfreich für die Rumpfmuskulatur und hält die Körpermitte stabil.

5. Einfache Arm- und Schulterübungen

Statt die Arme ruhig zu lassen, kann man sie in den Pausen nach oben und zur Seite strecken oder kreisen lassen, um die Muskulatur zu aktivieren. Diese Bewegungen lassen sich gut im Sitzen durchführen und tragen dazu bei, die Muskulatur in Schultern und Oberkörper zu aktivieren.

Fazit

Gaming muss nicht im Widerspruch zur Fitness stehen. Indem man Workout-Routinen in Pausen, nach dem Spielen oder sogar während des Spielens integriert, kann man einen aktiven und gesunden Lebensstil fördern, ohne auf Gaming zu verzichten. Kombiniert man diese kleinen Gewohnheiten mit einem ergonomischen Setup, werden Gaming und Fitness miteinander verknüpft und bieten eine nachhaltige Möglichkeit, Bewegung in den Alltag zu integrierennnen – für ein gesünderes, fitteres Gaming-Leben

KAPITEL 4: OUTDOOR-AKTIVITÄTEN GAMER

Inspiration aus Spielen für Outdoor-Abenteuer

Viele Videospiele bieten Abenteuerwelten, die Spieler dazu inspirieren, sich auf spannende Erkundungen einzulassen und Herausforderungen zu meistern. Diese Abenteuerlust lässt sich auch in die echte Welt übertragen! Outdoor-Aktivitäten bieten eine Möglichkeit, spielerische Elemente mit Bewegung zu verbinden und Abenteuer außerhalb des Bildschirms zu erleben.

Von der digitalen Welt ins Freie

Spiele wie The Legend of Zelda, Assassin's Creed, oder Pokémon GO haben uns mit ihren fantastischen Welten und Herausforderungen begeistert. Diese Art von Spielen kann als Inspiration dienen, um eigene Outdoor-Abenteuer zu gestalten. Man kann die Neugierde und das Entdeckergefühl aus dem Spiel mit nach draußen nehmen und echte Orte erkunden, historische Sehenswürdigkeiten besuchen oder Naturgebiete entdecken.

Real-World-Quests und „Achievements" schaffen

Wer gerne „Achievements" in Spielen sammelt, kann das Prinzip auf Outdoor-Aktivitäten übertragen. Zum Beispiel könnte man sich selbst Ziele setzen wie „Besuche jeden Aussichtspunkt in der Stadt" oder „Entdecke zehn neue Wanderwege". Indem man sich kleine Quests und „Real-Life-Achievements" setzt, erhält die Aktivität eine spielerische Komponente, die gleichzeitig zum Entdecken und Bewegen motiviert.

Geocaching, „Live-RPGs" und „Real-Life Quests"

Outdoor-Aktivitäten wie Geocaching und Live-Action-Rollenspiele (Live-RPGs) sind großartige Möglichkeiten, Bewegung mit Spielspaß zu kombinieren. Sie bieten die Chance, gemeinsam mit anderen Abenteuer zu erleben und dabei die Natur zu genießen.

Geocaching: Moderne Schatzsuche

Geocaching ist eine Art digitale Schatzsuche, die GPS-Koordinaten verwendet, um versteckte „Caches" in der Natur oder in der Stadt zu finden. Mit dem Smartphone kann man die Geocaches suchen und finden – von kleinen Schätzen bis hin zu Notizbüchern, in denen andere Teilnehmer ihren Namen hinterlassen haben. Geocaching ist eine unterhaltsame Möglichkeit, Zeit im Freien zu verbringen und die Umgebung neu zu entdecken. Es kann alleine oder mit Freunden gespielt werden und ist weltweit verfügbar.

Tipp: Wer das Spiel interessanter gestalten möchte, kann sich eine besondere Geocaching-Route zusammenstellen, bei der man bestimmte Ziele in einer bestimmten Reihenfolge besucht oder an besonderen Orten kleine Rätsel löst, um den Cache zu finden.

Live-RPGs: Abenteuer zum Mitmachen

Live-Action-Rollenspiele (kurz LARPs oder Live-RPGs) bieten eine echte Spielerfahrung, bei der man in eine andere Rolle schlüpft und mit anderen Spielern interagiert. Man kann als Fantasy-Charakter, Superheld oder Abenteurer an Live-RPG-Events teilnehmen. Diese Veranstaltungen finden oft in Wäldern,

Schlössern oder Burgen statt und bieten eine immersive Spielerfahrung. Dabei bewegt man sich nicht nur, sondern erlebt auch spannende Geschichten und knüpft neue Kontakte.

Real-Life-Quests und Erkundungsspiele

Ein „Real-Life Quest" könnte eine Schnitzeljagd sein, die man gemeinsam mit Freunden veranstaltet. Beispielsweise könnte man eine Quest erstellen, bei der man Hinweise in der Stadt versteckt, die zu einem bestimmten Ziel führen. Alternativ kann man ein Spiel gestalten, bei dem verschiedene „Checkpoints" erreicht werden müssen, an denen kleine Aufgaben auf die Spieler warten.

Tipp: Organisieren Sie mit Freunden eine „Stadtquest" und fordern Sie sich gegenseitig heraus, bestimmte Orte zu finden oder kleine Aufgaben zu erfüllen.

Freunde für gemeinsames Spielen und Bewegen finden

Gemeinsam macht Bewegung oft mehr Spaß, und es ist einfacher, sich für Outdoor-Aktivitäten zu motivieren, wenn man mit anderen unterwegs ist. Hier sind ein paar Tipps, wie man Gleichgesinnte findet und gemeinsam aktiv werden kann.

Meetups und Online-Communities

Es gibt viele Online-Communities und Plattformen wie Meetup, auf denen man sich mit anderen für gemeinsame Outdoor-Aktivitäten verabreden kann. Oft gibt es spezielle Gruppen für Gamer, die an Outdoor-Aktivitäten interessiert sind, oder für Geocaching und Live-RPGs.

Tipp: Erstellen Sie in sozialen Medien oder auf Gaming-Foren eine Nachricht, um Leute für eine Outdoor-Aktivität zu finden, die von einem bestimmten Spiel inspiriert ist.

Sport und Spiel verbinden: Von Frisbee bis zu „Capture the Flag"

Klassische Outdoor-Spiele wie Frisbee, „Capture the Flag" oder Bogenschießen bieten ein tolles Gemeinschaftserlebnis und lassen sich gut mit Gaming-Themen kombinieren. Einige Spiele lassen sich an bestimmte Genres anlehnen, wie z. B. Survival-Games oder Strategiespiele, bei denen das Ziel das Überlisten und Fangen der anderen Mannschaft ist.

Die Vorteile des gemeinsamen Outdoor-Gamings

In der Gruppe motiviert man sich gegenseitig und hat mehr Spaß daran, sich zu bewegen. Es hilft auch, verschiedene Fähigkeiten zu kombinieren: der eine ist vielleicht der Strategieexperte, während der andere ein Talent für Geschicklichkeitsspiele hat. Durch die Kombination dieser Fähigkeiten entstehen spannende Herausforderungen und das Gemeinschaftsgefühl wird gestärkt.

Outdoor-Gaming-Events: Von „Pokémon GO"-Festivals bis zu Cosplay-Treffen

Es gibt auch viele größere Veranstaltungen und Treffen, bei denen sich Gamer und Cosplayer versammeln, um an Outdoor-Aktivitäten teilzunehmen.

Pokémon GO und AR-Spiele-Festivals

AR-Games wie Pokémon GO bieten weltweit Festivals und Community-Days, an denen Spieler gemeinsam bestimmte Quests und Herausforderungen meistern können. Die Events finden oft in Parks oder Innenstädten statt und bieten eine gute Gelegenheit, neue Leute kennenzulernen und mit anderen zusammenzuspielen.

Cosplay-Spaziergänge und Fototreffen

Viele Gamer sind auch Cosplayer, die gerne in die Rollen ihrer Lieblingscharaktere schlüpfen. Cosplay-Spaziergänge oder Fototreffen in schönen Umgebungen sind eine Gelegenheit, das Kostüm zur Schau zu stellen und gleichzeitig durch die Bewegung fit zu bleiben. Oft werden dabei kleine Fotosessions organisiert, die man als Erinnerung mitnehmen kann.

Fazit

Outdoor-Aktivitäten bieten eine tolle Möglichkeit, Bewegung und das Gaming-Interesse zu verbinden. Von Geocaching über Live-RPGs bis hin zu Outdoor-Gaming-Events gibt es zahlreiche Möglichkeiten, mit Freunden aktiv zu sein und gleichzeitig das Abenteuergefühl aus Spielen in die reale Welt zu übertragen. Indem man Gaming und Outdoor-Erlebnisse kombiniert, kann man neue Erfahrungen sa

KAPITEL 5: E-SPORTS UND KÖRPERLICHES TRAINING

W arum viele E-Sportler heute trainieren

In den letzten Jahren hat sich die E-Sport-Welt stark weiterentwickelt. Spieler, die an professionellen Turnieren teilnehmen, werden oft nicht nur aufgrund ihrer Spielfähigkeiten beurteilt, sondern auch nach ihrer körperlichen Verfassung. Die lange Zeit, die sie täglich vor dem Bildschirm verbringen, fordert hohe Konzentration, schnelle Reflexe und mentale Ausdauer.

Früher galt körperliches Training im Gaming als nebensächlich, doch mittlerweile haben viele Teams und Spieler erkannt, wie wichtig eine starke körperliche Verfassung für den Erfolg im E-Sport ist. Regelmäßiges Training kann die Leistungsfähigkeit und die Regeneration fördern und sogar Verletzungen vorbeugen. Besonders in Spielen, die schnelle Reaktionen und intensive Konzentration erfordern, ist eine gute körperliche und mentale Verfassung entscheidend.

Gesundheitliche Vorteile des Trainings für E-Sportler

Verbesserte Reaktionszeit: Regelmäßiges Training kann die Reaktionszeit verkürzen, was im E-Sport ein klarer Vorteil ist.

Höhere Konzentrationsfähigkeit: Physische Aktivität hat positive Auswirkungen auf das Gehirn und verbessert die Konzentrationsfähigkeit.

Verletzungsprävention: Ein starker Körper kann besser auf die Belastungen der langen Spielzeiten reagieren, insbesondere auf die Augen, das Handgelenk und den Rücken.

Bessere Schlafqualität: Körperliche Aktivität kann Schlafprobleme reduzieren, was für E-Sportler entscheidend ist, da Schlafmangel zu Fehlern führen kann.

Trainingsmethoden aus dem Profi-Gaming-Bereich

Profis im E-Sport-Bereich setzen oft auf spezielle Trainingsprogramme, die sowohl körperliche als auch mentale Aspekte abdecken. Hier sind einige Techniken und Methoden, die häufig in Profi-Gaming-Teams verwendet werden:

Kraft- und Ausdauertraining

Die meisten E-Sportler legen mittlerweile Wert auf grundlegendes Kraft- und Ausdauertraining. Regelmäßige Bewegung stärkt das Herz-Kreislauf-System, verbessert die Ausdauer und sorgt dafür, dass man auch bei langen Gaming-Sessions fit bleibt.

Krafttraining: Übungen wie Liegestütze, Planks oder Squats helfen, eine gute Körperhaltung beizubehalten und Rückenschmerzen vorzubeugen. Auch das Hand- und Armmuskulatur-Training ist wichtig, um die Belastung durch Maus und Tastatur zu mindern.

Ausdauertraining: Regelmäßiges Laufen, Radfahren oder Schwimmen fördert die Herz-Kreislauf-Gesundheit und sorgt dafür, dass man länger konzentriert bleiben kann.

Beweglichkeits- und Flexibilitätstraining

Beweglichkeit ist für E-Sportler besonders wichtig, um Überlastungen zu verhindern. Dehnübungen und Beweglichkeitstraining tragen dazu bei, Verspannungen zu lösen und die Muskeln geschmeidig zu halten.

Dehnübungen für die Handgelenke und Arme: Viele E-Sportler führen spezielle Dehnübungen durch, um Überlastungen im Handgelenk vorzubeugen. Übungen, die die Handgelenke, Unterarme und Schultern lockern, können helfen, typische Verletzungen wie das Karpaltunnelsyndrom zu vermeiden.

Stretching für den Nacken und Rücken: Auch die Nacken- und Rückenmuskulatur wird durch das lange Sitzen stark beansprucht. Regelmäßiges Stretching kann Muskelverspannungen vorbeugen und die Beweglichkeit verbessern.

Verbesserung der Reflexe und Ausdauer

Eine hohe Reaktionsfähigkeit ist im E-Sport oft entscheidend. Viele professionelle Spieler trainieren daher gezielt, um ihre Reflexe und ihre Hand-Augen-Koordination zu verbessern. Zudem legen sie Wert darauf, eine hohe mentale Ausdauer zu entwickeln, um auch in langen Matches konzentriert zu bleiben.

Reflex-Training

Um die Reaktionszeit zu verbessern, nutzen E-Sportler spezielle Reflex-Übungen. Dazu gehören:

Übungen mit Reaktionslicht: Geräte mit Reaktionslichtern, bei denen Spieler auf blinkende Lichter drücken müssen, helfen, die Reaktionsgeschwindigkeit zu trainieren.

Schnelle Bewegungswechsel: Übungen, bei denen die Richtung schnell geändert werden muss, fördern die Hand-Augen-Koordination und Reflexe.

Videospiele mit Reflex-Herausforderungen: Es gibt spezielle Spiele und Apps, die darauf abzielen, die Reaktionszeit zu verbessern. Diese Spiele sind meist auf schnelle Entscheidungsfindung und Hand-Augen-Koordination ausgelegt.

Mentales Training und Konzentrationsübungen

Konzentration ist ein wesentlicher Faktor im E-Sport. Daher trainieren viele Profi-Gamer nicht nur ihren Körper, sondern auch ihren Geist. Mentales Training und Entspannungsübungen gehören mittlerweile zu den Standards im E-Sport.

Meditation und Atemübungen: Meditation kann dabei helfen, den Geist zu beruhigen und den Fokus zu schärfen. Atemtechniken tragen dazu bei, den Stress in angespannten Spielsituationen zu reduzieren.

Fokussierte Aufmerksamkeit und Visualisierung: Viele E-Sportler nutzen Visualisierungstechniken, um sich auf ihre Ziele und Strategien zu konzentrieren. Mentale „Trockenübungen" helfen, das Gameplay zu analysieren und gedanklich durchzuspielen.

Ernährung und Schlaf als Basis

Neben dem Training achten viele E-Sportler auch auf ihre Ernährung und Schlafqualität. Eine ausgewogene Ernährung und ausreichend Schlaf sind wichtig, um auf Höchstleistung zu kommen und die Regenerationszeit zu fördern.

Ernährung: Eine gesunde Ernährung, die reich an Proteinen, Vitaminen und Mineralstoffen ist, kann die Energielevel stabil halten und die kognitive Leistungsfähigkeit unterstützen. Vermeiden Sie Zucker und ungesunde Fette, die kurzfristig Energie geben, aber zu einem Leistungsabfall führen können.

Schlaf: Mindestens 7-8 Stunden Schlaf pro Nacht sind wichtig, um fit und fokussiert zu bleiben. Ein guter Schlafrhythmus unterstützt die mentale Frische und ist besonders für lange Spielsessions notwendig.

Fazit: Warum körperliches Training auch für Gamer entscheidend ist

Die Kombination aus körperlichem und mentalem Training macht E-Sportlern möglich, ihre Leistung zu optimieren und fit für anspruchsvolle Turniere zu bleiben. Der Trend hin zu mehr körperlicher Fitness im E-Sport-Bereich zeigt, dass Gaming und Gesundheit kein Widerspruch sein müssen. Mit einem guten Trainingsplan kann jeder Gamer seine Reflexe, Ausdauer und Konzentration stärken und gleichzeitig langfristig gesundheitliche Vorteile erzielen.

, fit bleiben.

KAPITEL 6:
ERNÄHRUNGSTIPPS
FÜR GAMER

E nergieliefernde Snacks und gesunde Alternativen

Für viele Gamer ist es verlockend, zu schnellen Snacks wie Chips, Schokolade oder Energydrinks zu greifen, um kurzfristig Energie zu bekommen. Doch diese Snacks liefern meist nur eine kurze Energie-Spitze, gefolgt von einem „Zucker-Crash". Um konstant leistungsfähig zu bleiben, sind gesündere Alternativen notwendig.

Gesunde Snack-Ideen für Gamer

Nüsse und Samen: Mandeln, Walnüsse oder Sonnenblumenkerne liefern gesunde Fette und Proteine, die die Konzentration fördern und für ein langanhaltendes Sättigungsgefühl sorgen.

Frucht- und Gemüsesticks: Karotten, Paprika, Gurken oder Apfelstücke liefern Vitamine und Mineralstoffe, die der Körper braucht, um den Fokus zu halten und die Energie auf einem stabilen Niveau zu halten.

Hafer- und Müsliriegel: Selbstgemachte Riegel oder solche mit wenig Zucker und natürlichen Zutaten sind eine gute Quelle für komplexe Kohlenhydrate, die langsam Energie freisetzen.

Joghurt mit Früchten und Nüssen: Joghurt enthält Probiotika für eine gesunde Verdauung, während die Früchte für natürliche Süße sorgen. Die Nüsse liefern gesunde Fette und etwas Crunch.

Diese Snacks können in kleinen Portionen vorbereitet und neben dem Schreibtisch bereitgestellt werden, sodass sie während des Spielens einfach zu greifen sind.

Ernährungsgewohnheiten für lange Gaming-Sessions

Lange Gaming-Sessions erfordern nicht nur Ausdauer, sondern auch eine durchdachte Ernährungsstrategie. Anstatt große, schwere Mahlzeiten zu sich zu nehmen, ist es vorteilhafter, häufiger kleinere Mahlzeiten und Snacks zu essen, die konstant Energie liefern.

Tipps für eine ausgewogene Gaming-Ernährung

Regelmäßige, kleine Mahlzeiten: Drei große Mahlzeiten pro Tag können oft zu Energieeinbrüchen führen. Stattdessen können fünf bis sechs kleinere Mahlzeiten den Blutzuckerspiegel stabil halten und die Energielevel aufrecht erhalten.

Langsam verdauliche Kohlenhydrate: Vollkornprodukte, Haferflocken, Quinoa oder Süßkartoffeln geben dem Körper eine langfristige Energiequelle, die sich perfekt für ausgedehnte Spielsessions eignet.

Gesunde Fette: Avocado, Olivenöl und fettreiche Fische wie Lachs enthalten Omega-3-Fettsäuren, die Entzündungen im Körper reduzieren und die Gehirnfunktion verbessern können – ideal für mehr Konzentration und mentale Klarheit.

Proteine für Kraft und Ausdauer: Eiweißreiche Nahrungsmittel wie Hühnchen, Linsen, Quark oder Kichererbsen unterstützen die Muskulatur und helfen dabei, nach langen Sessions körperlich fit zu bleiben.

Zucker in Maßen: Zuckerhaltige Lebensmittel und Getränke sollten nur in kleinen Mengen konsumiert werden, da sie zu einem plötzlichen Energieverlust führen können.

Flüssigkeitszufuhr und die richtigen Getränke

Eine ausreichende Flüssigkeitszufuhr ist für die körperliche und geistige Leistungsfähigkeit entscheidend. Dehydration kann zu Müdigkeit, Konzentrationsverlust und Kopfschmerzen führen. Besonders bei langen Gaming-Sessions, in denen die Umgebung oft warm und die Luft trocken ist, sollte darauf geachtet werden, regelmäßig zu trinken.

Getränke für bessere Leistung und Konzentration

Wasser als Basis: Wasser sollte das Hauptgetränk für Gamer sein. Ein großes Glas Wasser alle ein bis zwei Stunden kann die Konzentration fördern und Dehydration vermeiden.

Kräuter- oder Früchtetee: Ungesüßte Tees bieten eine geschmackvolle Abwechslung zu Wasser und können je nach Sorte beruhigend oder anregend wirken.

Elektrolytgetränke (in Maßen): Für besonders lange Sessions können Elektrolytgetränke sinnvoll sein, um den Mineralstoffhaushalt auszugleichen, vor allem, wenn man zwischendurch auch Sport treibt.

Natürliche Säfte und Smoothies: Frisch gepresste Säfte oder Smoothies bieten Vitamine und Mineralstoffe. Sie sollten jedoch nicht übermäßig konsumiert werden, da Fruchtzucker ebenfalls zu einem schnellen Blutzuckeranstieg führen kann.

Koffeinhaltige Getränke wie Kaffee oder grüner Tee (in Maßen): Koffein kann kurzfristig helfen, die Konzentration zu steigern. Um Nervosität und Schlafprobleme zu vermeiden, sollte Koffein aber in Maßen konsumiert werden, insbesondere am Abend.

Was man vermeiden sollte

Energydrinks und zuckerhaltige Limonaden: Diese Getränke

enthalten oft viel Zucker und künstliche Inhaltsstoffe, die zwar schnell Energie liefern, aber auch schnell wieder abfallen lassen. Zudem belasten sie den Körper und können zu Unruhe und Konzentrationsproblemen führen.

Alkohol: Alkohol hat eine dämpfende Wirkung auf das zentrale Nervensystem und beeinträchtigt die Reaktionszeit, Konzentration und Gedächtnisleistung – keine gute Wahl für ambitionierte Gamer.

Tipps zur Integration gesunder Essgewohnheiten im Gaming-Alltag

Die Integration gesunder Ernährungsgewohnheiten in den Gaming-Alltag muss nicht kompliziert sein. Hier sind einige einfache Ideen:

Essensvorbereitung im Voraus: Das Vorbereiten von gesunden Mahlzeiten und Snacks hilft, Versuchungen zu widerstehen. Indem man Obst schneidet, Gemüse in Portionen abpackt oder gesunde Riegel vorbereitet, hat man immer eine gesunde Option zur Hand.

Kleine Pausen für Snacks nutzen: Wenn möglich, sollten Pausen genutzt werden, um aufzustehen, sich zu strecken und dabei einen gesunden Snack zu sich zu nehmen.

Regelmäßige Wasserpausen einplanen: Eine Erinnerung oder ein Timer können helfen, regelmäßig Wasser zu trinken. Auch das Bereitstellen einer großen Wasserflasche in Griffnähe kann motivieren, öfter zu trinken.

Kombinieren von Bewegung und Snack-Pausen: Ein paar kurze Dehnübungen und ein gesunder Snack können zusammen eine perfekte kleine Pause darstellen, die erfrischt und neue Energie gibt.

Fazit: Warum die richtige Ernährung den Unterschied machen kann

Eine durchdachte Ernährung kann dazu beitragen, die

Leistungsfähigkeit zu steigern, die Gesundheit zu fördern und den Spaß am Gaming langfristig zu bewahren. Mit energieliefernden Snacks, regelmäßigen kleinen Mahlzeiten und einer ausreichenden Flüssigkeitszufuhr können Gamer ihre Spielleistung auf eine gesunde Art und Weise verbessern. So wird aus jeder Session nicht nur ein spielerisches Erlebnis, sondern auch eine Gelegenheit, gesund und fit zu bleiben.

das Beste aus beiden Welten genießen

KAPITEL 7: STRESS UND ENTSPANNUNG IM GAMING-ALLTAG

Wie man Stress in intensiven Spielen abbaut

Gaming kann eine aufregende und fesselnde Erfahrung sein, doch besonders bei intensiven Spielen kann der Stresspegel steigen. Lange Sessions, wettbewerbsorientierte Matches oder besonders anspruchsvolle Herausforderungen können zu mentaler Erschöpfung führen. Aber wie kann man effektiv mit dem Stress umgehen, der durch das Spielen entsteht?

1. Stress als Teil des Spiels

Es ist wichtig, den Stress als natürlichen Bestandteil intensiver Spielsituationen zu akzeptieren. Wettbewerbsorientierte Spiele, wie zum Beispiel E-Sports oder Online-Multiplayer-Spiele, können Druck aufbauen, sei es durch das Streben nach Höchstleistungen, das Gewinnen von Turnieren oder das Vermeiden von Niederlagen. Es gibt verschiedene Arten von Stress, die beim Gaming auftreten können:

Akuter Stress: Dieser tritt häufig bei spannenden Momenten auf, etwa wenn das Spiel auf die entscheidende Wendung zusteuert oder in der letzten Runde ein Sieg noch möglich ist.

Chronischer Stress: Bei anhaltend hohen Anforderungen oder negativen Erfahrungen während der Spiele kann langfristiger Stress entstehen, der sich auf das allgemeine Wohlbefinden auswirkt.

2. Techniken zum Stressabbau während des Spiels

Um stressige Momente besser zu bewältigen, können Spieler verschiedene Methoden zur Entspannung und Stressbewältigung anwenden. Einige einfache und effektive Techniken sind:

Pausen einplanen: Eine der effektivsten Methoden zur Stressbewältigung ist regelmäßige Erholung. Setzen Sie sich feste Pausen während längerer Spielesessions. 5-10 Minuten Pause alle 60-90 Minuten können dabei helfen, den Kopf freizubekommen und neue Energie zu tanken.

Kleine Aufgaben erledigen: Wenn ein Spiel sehr herausfordernd wird, kann das Gefühl der Überwältigung durch kleine, erreichbare Ziele verringert werden. Fokussieren Sie sich auf kleinere Aufgaben oder Abschnitte im Spiel, um den Stresslevel zu senken.

Ziele realistisch setzen: Setzen Sie sich realistische Ziele, die erreichbar sind, ohne sich zu sehr unter Druck zu setzen. Wenn das Ziel zu hoch gesteckt ist, kann dies unnötigen Stress verursachen.

Mentale Pausen: Während stressiger Spielszenen hilft es, für ein paar Sekunden den Blick vom Bildschirm abzuwenden, tief durchzuatmen und sich auf den Moment zu konzentrieren. Diese kleinen „Reset-Momente" helfen dabei, den Stress abzubauen.

Atemübungen und Entspannungstechniken

Atemübungen und Entspannungstechniken können schnell und effektiv helfen, den Stress während des Spiels zu reduzieren. Sie tragen dazu bei, die Konzentration zu verbessern und den Körper zu entspannen. Besonders bei längeren Gaming-Sessions, in denen sich körperliche Verspannungen und geistiger Stress aufbauen, können solche Techniken eine wertvolle Hilfe darstellen.

1. Tiefes Atmen – Die 4-7-8 Methode

Eine einfache und effektive Atemtechnik ist die 4-7-8 Methode, die dabei hilft, den Körper zu beruhigen und den Geist zu fokussieren:

Einatmen: Atmen Sie durch die Nase für 4 Sekunden ein.

Anhalten: Halten Sie den Atem für 7 Sekunden an.

Ausatmen: Atmen Sie für 8 Sekunden langsam durch den Mund aus.

Diese Übung hilft, das Nervensystem zu beruhigen und fördert eine bessere Sauerstoffversorgung, was den Stress reduziert und die Konzentration steigert. Ideal ist es, diese Übung 3-4 Mal zu wiederholen, um sich zu entspannen.

2. Progressive Muskelentspannung

Die progressive Muskelentspannung (PMR) ist eine Technik, bei der nacheinander verschiedene Muskelgruppen des Körpers an- und wieder entspannt werden. Diese Übung fördert die Wahrnehmung von Muskelverspannungen und hilft, Stress abzubauen:

Beginnen Sie mit den Füßen und arbeiten Sie sich bis zum Kopf vor.

Spannen Sie eine Muskelgruppe für etwa 5-10 Sekunden an und entspannen Sie sie dann langsam.

Achten Sie darauf, den Unterschied zwischen angespannten und entspannten Muskeln zu spüren.

Für Gamer ist diese Übung besonders hilfreich, um Verspannungen, die durch langes Sitzen entstehen, zu lösen.

3. Visualisierung

Die Technik der Visualisierung nutzt die Vorstellungskraft, um positive Szenarien zu schaffen und den Stress zu lindern. Schließen Sie die Augen und stellen Sie sich eine ruhige, angenehme Umgebung vor, wie einen Strand oder einen Wald. Diese Vorstellung hilft, den Geist zu beruhigen und aus stressigen Spielsituationen herauszutreten.

Die Balance finden zwischen Leistung und Erholung

Die Kunst, eine gesunde Balance zwischen Gaming-Leistung und Erholung zu finden, ist entscheidend für die langfristige Lebensqualität von Gamern. Während das Streben nach Höchstleistungen und das Verbessern der Spielfähigkeiten motivierend und spaßig sein kann, muss dies mit ausreichender Erholung und Stressbewältigung kombiniert werden.

1. Die Bedeutung der Erholung

Nach langen Spielesessions braucht der Körper genauso viel Erholung wie der Geist. Ohne ausreichende Erholung kann es zu Burnout und gesundheitlichen Problemen kommen. Hier sind einige Möglichkeiten, wie Gamer sicherstellen können, dass sie sich regelmäßig erholen:

Schlaf ist essentiell: Ein regelmäßiger Schlafzyklus ist eine der wichtigsten Maßnahmen zur Stressbewältigung. Ausreichend Schlaf verbessert nicht nur die mentale Klarheit, sondern fördert auch die körperliche Erholung.

Aktive Erholung: Spaziergänge, Yoga oder leichtes Stretching während der Pausen helfen dabei, Verspannungen zu lösen und den Kreislauf in Schwung zu bringen.

Offline-Zeit: Nehmen Sie sich ab und zu bewusst Zeit abseits des Bildschirms. Aktivitäten wie das Treffen mit Freunden, Sport oder andere Hobbys fördern das allgemeine Wohlbefinden und helfen dabei, den Kopf freizubekommen.

2. Grenzen setzen

Gerade bei besonders fesselnden Spielen ist es wichtig, sich Grenzen zu setzen. Eine klare Grenze zwischen Spielzeit und Ruhezeit hilft dabei, die geistige Gesundheit zu schützen. Tools wie Timer, die nach einer festgelegten Spielzeit eine Pause empfehlen, können dabei helfen, diszipliniert zu bleiben.

3. Social Gaming und Pausen mit Freunden

Gemeinsam mit Freunden zu spielen, kann eine großartige Möglichkeit sein, um die Gaming-Erfahrung zu genießen und gleichzeitig Stress zu reduzieren. Dabei ist es jedoch wichtig, dass Pausen auch hier nicht vernachlässigt werden. Gemeinsame Erholung, etwa bei einem kurzen Spaziergang nach einer langen Spielesession, stärkt die sozialen Beziehungen und sorgt für eine erholsame Abwechslung.

4. Langfristige Stressbewältigung und Gaming-Routine

Um langfristig erfolgreich und gesund zu bleiben, sollten Gamer ihre eigene Gaming-Routine mit regelmäßigen Erholungszeiten und bewusstem Stressabbau etablieren. Eine gute Routine sorgt dafür, dass das Spielen nicht zur stressigen Last wird, sondern eine spannende und gesunde Freizeitbeschäftigung bleibt.

Fazit

Stress ist eine natürliche Reaktion auf intensive Spielsituationen, aber er muss nicht die Freude am Gaming beeinträchtigen. Durch gezielte Stressbewältigungstechniken wie Pausen, Atemübungen und Entspannungstechniken können Gamer nicht nur ihre Leistungsfähigkeit steigern, sondern auch ihre mentale und körperliche Gesundheit langfristig erhalten. Die richtige Balance zwischen Anstrengung und Erholung ist der Schlüssel, um als Gamer dauerhaft erfolgreich und gesund zu bleiben.

KAPITEL 8: LANGFRISTIGE FITNESSZIELE FÜR GAMER

Fitness als tägliche Routine für langfristige Gesundheit Für Gamer, die ihre Gesundheit langfristig erhalten und ihre Fitness verbessern möchten, ist es wichtig, Fitness nicht nur als kurzfristige Aktivität, sondern als integralen Bestandteil ihres täglichen Lebens zu betrachten. Fitness sollte nicht nur als Reaktion auf gesundheitliche Probleme oder nach intensiven Gaming-Sessions wahrgenommen werden, sondern als kontinuierliche Praxis, die über Jahre hinweg positive Auswirkungen auf Körper und Geist hat.

1. Der Einstieg in eine gesunde Routine

Die ersten Schritte zu einer langfristigen Fitnessroutine können eine Herausforderung sein, vor allem für diejenigen, die es gewohnt sind, viele Stunden vor dem Bildschirm zu verbringen. Eine gesunde Routine erfordert Disziplin und Engagement, aber die Belohnungen sind es wert: besseres Wohlbefinden, gesteigerte

Energie und eine Verbesserung der Spielfähigkeiten durch körperliche Fitness.

Ein idealer Startpunkt ist es, kleine, aber nachhaltige Änderungen in den Alltag zu integrieren:

Tägliche Bewegung: Beginnen Sie mit einfachen Aktivitäten wie Spaziergängen oder leichtem Stretching. Schon eine halbe Stunde tägliche Bewegung kann Wunder wirken.

Kombination von Gaming und Bewegung: Versuchen Sie, Bewegungen in Ihre Gaming-Sessions zu integrieren. Beispielsweise können regelmäßige Pausen genutzt werden, um sich zu dehnen oder ein paar leichte Übungen zu machen.

Konsistenz und kleine Erfolge: Der Schlüssel zu einer langfristigen Fitnessroutine ist, dran zu bleiben. Fangen Sie mit einem kleinen Ziel an, wie 10 Minuten Bewegung pro Tag, und steigern Sie sich nach und nach.

2. Langfristige gesundheitliche Vorteile

Eine regelmäßige Fitnessroutine bietet eine Vielzahl gesundheitlicher Vorteile, die nicht nur das körperliche Wohlbefinden fördern, sondern auch die geistige Fitness und das Gaming-Erlebnis verbessern können:

Verbesserte Konzentration: Körperliche Aktivität fördert die Durchblutung und damit die Sauerstoffversorgung des Gehirns, was zu besserer Konzentration und schnellerer Entscheidungsfindung führt.

Bessere Ausdauer: Gamer, die regelmäßig Sport treiben, verbessern ihre allgemeine Ausdauer, was besonders bei langen Gaming-Sessions und bei der Teilnahme an E-Sport-Wettkämpfen von Vorteil ist.

Erhöhte körperliche Fitness: Regelmäßiges Training stärkt das Herz-Kreislaufsystem und erhöht die Muskelkraft, was nicht nur gesundheitliche Vorteile hat, sondern auch die Haltung und das allgemeine Wohlbefinden verbessert.

Wie man Fortschritte misst und motiviert bleibt

Motivation kann ein herausfordernder Faktor sein, wenn es darum geht, eine langfristige Fitnessroutine aufrechtzuerhalten. Es ist leicht, die Freude an der Bewegung zu verlieren oder den Fortschritt zu übersehen. Doch es gibt verschiedene Strategien, wie Gamer ihre Fitnessziele messen und ihre Motivation hoch halten können.

1. Fortschritte messen: Fitness-Tracking und Meilensteine

Die Messung von Fortschritten ist entscheidend, um den Überblick über die eigenen Leistungen zu behalten und sich weiter zu motivieren. Hier sind einige Möglichkeiten, wie Gamer ihre Fitness verfolgen können:

Fitness-Apps und Wearables: Es gibt eine Vielzahl von Fitness-Apps und tragbaren Geräten (wie Smartwatches), die dabei helfen, den Fortschritt zu verfolgen. Diese Apps messen nicht nur Schritte und Kalorienverbrauch, sondern auch den Puls und die Schlafqualität. Einige Apps bieten sogar spezifische Fitnessziele für Gamer, wie zum Beispiel kurze, spielbasierte Workouts oder Bewegungseinheiten, die sich in den Gaming-Alltag integrieren lassen.

Meilensteine setzen: Es ist hilfreich, kleine Ziele zu setzen, wie zum Beispiel eine bestimmte Anzahl an Trainingseinheiten pro Woche oder die Steigerung der Ausdauer beim Joggen oder Radfahren. Diese Meilensteine können helfen, die Motivation aufrechtzuerhalten, da sie messbare Erfolge liefern, auf die man stolz sein kann.

2. Fortschritte visualisieren

Visualisierungen sind eine großartige Möglichkeit, um Fortschritte zu sehen und zu feiern. Erstellen Sie zum Beispiel ein Fitness-Diagramm oder eine Fortschrittstabelle, auf der Sie Ihre täglichen, wöchentlichen und monatlichen Aktivitäten festhalten können. Ein solches visuelles Hilfsmittel macht den Fortschritt greifbar und ermutigt, weiterzumachen.

Belohnungssysteme: Setzen Sie sich Belohnungen für das Erreichen bestimmter Ziele. Wenn Sie es geschafft haben, eine Woche lang regelmäßig Sport zu treiben, gönnen Sie sich eine kleine Belohnung, wie ein neues Spiel oder ein paar neue Gaming-Zubehörteile.

3. Langfristige Motivation durch Variation

Eine der besten Möglichkeiten, die Motivation langfristig zu erhalten, ist Abwechslung. Fügen Sie Ihrer Routine regelmäßig neue Übungen oder Aktivitäten hinzu, um das Training spannend und herausfordernd zu halten. Probieren Sie verschiedene Sportarten aus, wie Yoga, Laufen, Tanzen oder Radfahren, um die Vielfalt zu fördern. Dies hilft nicht nur, die Motivation hoch zu halten, sondern fördert auch eine ganzheitliche Fitness.

Communitys und Fitness-Challenges im Gaming-Umfeld

Für viele Gamer sind Communitys und soziale Netzwerke eine enorme Quelle der Motivation und Unterstützung. Online-Communitys, sowohl im Gaming- als auch im Fitnessbereich, bieten eine wertvolle Möglichkeit, sich mit Gleichgesinnten auszutauschen und sich gegenseitig zu motivieren.

SCHLUSS: DER WEG ZUR GESUNDEN GAMER-KULTUR

1. Fitness-Communities und -Foren
In vielen Gaming-Communitys gibt es inzwischen auch spezielle Bereiche, in denen sich Spieler über Fitness und Gesundheit austauschen. Plattformen wie Reddit, Discord oder spezielle Fitness-Foren bieten nicht nur Tipps und Ratschläge, sondern auch die Möglichkeit, sich mit anderen Spielern zu verbinden, die ähnliche Fitnessziele verfolgen. Diese sozialen Gruppen bieten:

Regelmäßige Fitness-Challenges: Monatliche oder wöchentliche Challenges, bei denen Gamer ihre Fitnessfortschritte dokumentieren und sich gegenseitig zu neuen Bestleistungen anspornen.

Motivation durch Gleichgesinnte: Der Austausch mit anderen, die ähnliche Ziele verfolgen, schafft ein Gefühl der Zugehörigkeit und kann einen enormen Motivationsschub geben.

2. Gaming-basierte Fitness-Challenges

Es gibt mittlerweile viele Apps und Plattformen, die Fitness mit Elementen aus der Welt der Videospiele kombinieren. Diese

Challenges verbinden den Spaß am Gaming mit körperlicher Aktivität. Beispiele hierfür sind:

Zwift: Eine Plattform, die das Indoor-Radfahren und Laufen mit virtuellen Welten kombiniert. Spieler können sich mit anderen messen, an Rennen teilnehmen und neue Fitnessziele erreichen.

Ring Fit Adventure: Ein Spiel für die Nintendo Switch, das Gamern hilft, ihre Fitness durch interaktive Übungen zu steigern. Es integriert Workouts in eine spannende Geschichte, in der Spieler gegen Monster kämpfen, indem sie echte Übungen machen.

Diese Art von Fitness-Challenges hilft nicht nur, den Spielspaß zu erhalten, sondern auch, die Motivation zu steigern, indem sie das Gefühl der Spielbeteiligung mit realen Fitnesszielen kombiniert.

3. Unterstützung von Freunden und Familie

Ein weiterer wichtiger Aspekt der Motivation ist die Unterstützung von Freunden und Familie. Gemeinsame Aktivitäten – sei es bei einem Outdoor-Abenteuer oder einem Fitness-Workout – fördern die langfristige Motivation und machen den gesamten Prozess unterhaltsamer. Finden Sie also Gleichgesinnte, die Ihre Fitnessziele teilen, und motivieren Sie sich gegenseitig.

Fazit

Langfristige Fitnessziele sind für Gamer von entscheidender Bedeutung, um ihre Gesundheit zu erhalten, ihre Spielfähigkeiten zu verbessern und das allgemeine Wohlbefinden zu steigern. Indem Fitness als tägliche Routine etabliert wird, Fortschritte gemessen und die Motivation durch Communitys und Challenges aufrechterhalten wird, können Gamer eine nachhaltige und gesunde Lebensweise entwickeln. Es geht nicht nur darum, kurzfristige Ziele zu erreichen, sondern auch langfristig fitter und gesünder zu werden – und dabei das Gaming-Erlebnis noch mehr zu genießen. Die Verbindung von Gaming und Fitness ist ein Trend, der immer mehr an Bedeutung gewinnt. In einer Welt, in der Gaming einen festen Platz im Leben vieler Menschen hat, wird es immer relevanter, diesen aktiven Lebensstil mit gesunden Gewohnheiten zu kombinieren. Die Herausforderung liegt darin, Gaming und Fitness so zu verbinden, dass beides langfristig und nachhaltig im Alltag integriert werden kann.

Hier sind einige Ideen und Ansätze, wie Gaming und Fitness miteinander kombiniert werden können, um nicht nur den Spaß zu steigern, sondern auch die körperliche Gesundheit zu fördern:

1. Aktivierung durch Bewegungsspiele und VR

Ein effektiver Weg, Gaming und Fitness zu verbinden, ist die Nutzung von Bewegungsspielen und Virtual Reality (VR). Viele Spiele und VR-Anwendungen haben in den letzten Jahren zunehmend Fitness-Elemente integriert, bei denen der Spieler seinen Körper aktiv einsetzen muss, um das Spiel voranzutreiben.

Bewegungsspiele: Spiele wie Just Dance, Ring Fit Adventure oder Beat Saber bieten eine perfekte Mischung aus Fitness und Gaming, indem sie den Spieler dazu anregen, sich zu bewegen, während er ein interaktives Spielerlebnis genießt. Diese Spiele bieten eine Vielzahl von Übungen, von einfachen Bewegungen bis zu intensiveren Workouts, die sowohl den Ober- als auch den Unterkörper beanspruchen.

Virtuelle Realität (VR): VR-Spiele bieten noch immersivere Erlebnisse, bei denen Spieler tatsächlich in die virtuel Die Kombination von Gaming und Fitness hat bereits begonnen, sich in neue und innovative Richtungen zu entwickeln. Mit dem rasanten Fortschritt in den Bereichen Technologie, Virtual Reality (VR), Künstliche Intelligenz (KI) und tragbare Geräte gibt es viele spannende Möglichkeiten, wie diese beiden Welten in der Zukunft noch stärker miteinander verschmelzen werden. Hier sind einige der wichtigsten Trends und Technologien, die Gaming und Fitness in den kommenden Jahren prägen könnten:

1. Erweiterte Realität (Augmented Reality / AR) und Virtual Reality (VR) im Fitnessbereich

Virtual und Augmented Reality haben das Potenzial, das Gaming-Erlebnis mit Fitness auf eine völlig neue Ebene zu heben. Während VR bereits für interaktive Fitness-Spiele genutzt wird, wird sich AR wahrscheinlich weiterentwickeln und dabei helfen, die physische Aktivität noch stärker in die reale Welt zu integrieren.

AR für Outdoor-Aktivitäten: Spiele wie Pokémon Go haben bereits gezeigt, wie AR-Technologie die physische Welt mit digitalen Elementen verschmelzen kann. In der Zukunft könnten AR-basierte Fitness-Spiele, bei denen Spieler in ihrer Umgebung Herausforderungen und Aufgaben erfüllen müssen, noch populärer werden. Diese Spiele könnten Aktivitäten wie Laufen, Radfahren oder Wandern in aufregende Abenteuer verwandeln, bei denen der Spieler mit virtuellen Charakteren interagiert oder auf "Missionen" geht.

Immersive VR-Fitness: VR wird zunehmend als effektives Fitness-Tool genutzt. In der Zukunft könnten noch realistischere und umfassendere VR-Fitness-Erlebnisse entwickelt werden, bei denen der Spieler nicht nur auf einem Laufband oder einem Stationstrainer bleibt, sondern eine vollständige Fitnesswelt betritt, in der er aktiv seine Fitness verbessern kann. Dies könnte Übungen wie Boxen, Yoga oder sogar ganzheitliche Fitness-Abenteuer beinhalten.

2. KI-gesteuertes Fitness-Coaching

Künstliche Intelligenz hat das Potenzial, personalisierte Fitness-Erlebnisse auf ein neues Level zu bringen. KI könnte zukünftig als persönlicher Trainer fungieren, der nicht nur Bewegungen und

Fortschritte überwacht, sondern auch Echtzeit-Feedback gibt und maßgeschneiderte Trainingspläne erstellt.

Intelligente Fitness-Apps: Apps, die mit KI-Algorithmen arbeiten, könnten individuelle Trainingspläne anbieten, die sich an die Fitnessziele und den Fortschritt des Spielers anpassen. Diese Apps könnten auch in Echtzeit Empfehlungen für Pausen, Übungen oder Ernährungspläne geben, um den Gaming- und Fitnessalltag in Einklang zu bringen.

Virtuelle Fitness-Coaches: Künstliche Intelligenz könnte auch virtuelle Fitness-Coaches umfassen, die als Trainingspartner in einem VR-Spiel auftreten. Diese Coaches könnten den Spieler durch verschiedene Übungen führen, seine Form überwachen und die Intensität der Übungen basierend auf individuellen Fähigkeiten und Zielen anpassen.

3. Wearables und Fitness-Tracker

Wearable-Technologien, wie Smartwatches, Fitness-Tracker und tragbare Geräte, haben bereits begonnen, unsere Fitnessroutinen zu revolutionieren. In der Zukunft könnten diese Geräte nicht nur als Gesundheitsmonitor dienen, sondern auch als integrale Bestandteile eines Gaming- und Fitness-Ökosystems.

Verbindung von Gaming und Fitness über Wearables: Wearables, die mit Gaming-Plattformen verbunden sind, könnten in Echtzeit Daten über den physischen Zustand des Spielers liefern. Zum Beispiel könnten Smartwatches oder Fitness-Tracker den Herzschlag, die Körperhaltung und die Bewegungen des Spielers überwachen und diese Daten in das Spiel integrieren, um personalisierte Herausforderungen oder Belohnungen zu bieten. Dies könnte die Motivation erhöhen und gleichzeitig den physischen Aspekt des Gamings stärken.

Echtzeit-Datenanalyse: Wearables könnten auch dazu verwendet werden, die Fortschritte der Spieler über längere Zeiträume hinweg zu überwachen. Die Geräte könnten Daten zu Kalorienverbrauch, Schrittzahl und Fitnesszielen sammeln und diese in einem Dashboard anzeigen, das den Spielern hilft, ihre Ziele zu erreichen und zu sehen, wie ihre Fitness mit ihrem Gaming-Verhalten in Einklang steht.

4. Gamification von Fitness-Programmen

Gamification ist bereits ein bedeutender Bestandteil vieler Fitness-Apps und Programme. In der Zukunft wird diese Tendenz weiter zunehmen, indem Fitnessprozesse noch stärker spielerische Elemente enthalten. Fitnessziele werden als Missionen, Quests oder Herausforderungen gestaltet, die den Spieler motivieren, aktiv zu bleiben.

Belohnungssysteme und Ranglisten: Fitness-Apps könnten mit spieltypischen Belohnungssystemen ausgestattet werden, bei denen Spieler für das Erreichen von Fitnesszielen Punkte sammeln, Abzeichen erhalten und in Ranglisten aufsteigen. Diese Aspekte erhöhen den Wettbewerb und die Motivation, indem sie den Fitnessfortschritt in ein Spiel verwandeln.

Integration von Multiplayer-Elementen: Multiplayer-Optionen könnten auch in Fitness-Apps integriert werden, bei denen Freunde oder andere Spieler gemeinsam trainieren, sich gegenseitig herausfordern oder an virtuellen Fitness-Wettkämpfen teilnehmen können. Diese sozialen Elemente könnten die Motivation weiter steigern und das Gefühl der Gemeinschaft und Zusammenarbeit stärken.

5. Verbesserte Gaming-Physiotherapie und Rehabilitations-Technologien

Die zunehmende Bedeutung von Fitness im Gaming hat auch Auswirkungen auf die physiotherapeutische Betreuung und Rehabilitation. In der Zukunft könnten fortschrittliche Technologien dabei helfen, Fitness als Teil der Heilung und Rehabilitation nach Verletzungen zu integrieren.

Physiotherapie-Apps und VR für die Rehabilitation: VR und AR könnten in der Zukunft verstärkt genutzt werden, um Rehabilitations- und Physiotherapiesitzungen zu integrieren. Spiele, die speziell für die Rehabilitation entwickelt wurden, könnten die Beweglichkeit und den körperlichen Zustand von Spielern mit Verletzungen oder gesundheitlichen Einschränkungen fördern.

Virtual Physio-Coaches: Ähnlich wie KI-gestützte Fitness-Coaches könnten virtuelle Physiotherapeuten entwickelt werden, die den Patienten durch gezielte Übungen führen, sie anleiten und auf deren Fortschritte achten. Diese Technologie könnte mit Gaming-Elementen kombiniert werden, um das Rehabilitationsprogramm zu einem spannenden und motivierenden Erlebnis zu machen.

6. Nachhaltigkeit und umweltfreundliche Technologien

In einer zunehmend umweltbewussten Gesellschaft werden auch Technologien, die in Gaming und Fitness integriert sind, eine stärkere Ausrichtung auf Nachhaltigkeit erfahren. Die Entwicklung von energieeffizienten Geräten, die Reduktion von Elektroschrott und die Förderung von Outdoor-Aktivitäten werden in der Zukunft eine wichtige Rolle spielen.

Energieeffiziente Wearables und Gaming-Geräte: Die Weiterentwicklung von tragbaren Fitnessgeräten und Gaming-Technologien wird zunehmend umweltfreundlicher, um den ökologischen Fußabdruck zu minimieren.

Förderung von umweltfreundlichen Outdoor-Aktivitäten: Immer mehr Fitness-Apps und Spiele werden Outdoor-Aktivitäten fördern, die die Spieler dazu anregen, ihre Umgebung zu erkunden, sei es durch Geocaching, Wandern oder andere umweltfreundliche Abenteuer.

Fazit

Die Zukunft der Kombination von Gaming und Fitness sieht sehr vielversprechend aus. Mit innovativen Technologien wie AR, VR, KI und Wearables wird es immer einfacher und unterhaltsamer, Fitness in das Gaming-Erlebnis zu integrieren. Diese Technologien bieten die Möglichkeit, das Beste aus beiden Welten zu vereinen: den Spaß und die Motivation von Spielen mit den gesundheitlichen Vorteilen von Bewegung. In den kommenden Jahren könnten diese Trends nicht nur das Gaming-Erlebnis revolutionieren, sondern auch dazu beitragen, die körperliche Gesundheit von Gamern weltweit zu verbessern.

Schlussgedanken und Motivation zur Umsetzung

Die Kombination von Gaming und Fitness ist mehr als nur ein vorübergehender Trend – sie stellt eine vielversprechende Möglichkeit dar, das Beste aus beiden Welten zu vereinen: den Spaß und die Aufregung, die Gaming bietet, und die gesundheitlichen Vorteile, die regelmäßige Bewegung mit sich bringt. Die Technologie hat uns bereits mit leistungsstarken Tools ausgestattet, die es ermöglichen, Fitness auf eine spielerische und unterhaltsame Weise zu integrieren, und der Trend wird nur weiter zunehmen.

Doch obwohl die Technologie eine wichtige Rolle spielt, liegt der wahre Schlüssel zum Erfolg in der Umsetzung. Der Weg zu einer besseren körperlichen Gesundheit als Gamer erfordert mehr als nur das richtige Equipment oder die passende App. Es erfordert

Engagement, Disziplin und die Bereitschaft, neue Gewohnheiten zu entwickeln und sich selbst herauszufordern. Es ist eine Reise, die Geduld und Ausdauer verlangt – ähnlich wie beim Erreichen eines Gaming-Ziels.

1. Die Bedeutung der kleinen Schritte

Viele Gamerspielen sich in langen Sessions und intensiven Herausforderungen, aber um nachhaltige Fitness zu erreichen, ist es wichtig, auch im Fitnessbereich mit kleinen Schritten zu beginnen. Das kann mit kurzen, täglichen Übungen oder der Einführung kurzer Pausen während langer Gaming-Sessions beginnen. Indem man kleine Gewohnheiten in den Alltag integriert, wird Fitness zu einem natürlichen Bestandteil der Gaming-Erfahrung.

2. Konsistenz ist der Schlüssel

Wie bei jedem Training ist es wichtig, konsequent zu bleiben. Es mag schwierig sein, am Anfang regelmäßig zu trainieren, besonders wenn man sich an neue Gewohnheiten gewöhnen muss. Aber wie bei einem guten Spiel, das man immer wieder spielt, wird die Fitness mit der Zeit zu einem festen Bestandteil des Lebens. Die Verbesserung erfolgt Schritt für Schritt, und jeder Fortschritt – auch der kleinste – bringt uns näher an das Ziel, sowohl fit als auch glücklich zu sein.

3. Spaß und Motivation

Die Motivation zu bewahren, kann in jedem Fitnessprogramm eine Herausforderung darstellen. Doch hier kommt das Schöne am Gaming ins Spiel: Wenn wir die Aktivitäten, die uns Spaß machen, in unsere Fitnessroutine integrieren, können wir ein Niveau an Motivation erreichen, das wir sonst vielleicht nicht erfahren würden. Die Möglichkeit, Fitness durch die Welt des Gamings zu erleben, macht die Reise nicht nur unterhaltsam, sondern auch lohnend.

4. Gemeinschaft und Unterstützung

Gerade im Gaming-Bereich gibt es viele Möglichkeiten, sich mit anderen zu verbinden und gemeinsam Fortschritte zu erzielen. Ob durch Gaming-Communities, Fitness-Challenges oder Multiplayer-Apps – die Unterstützung durch Gleichgesinnte kann die Motivation erheblich steigern. Das gemeinsame Erreichen von Fitnesszielen wird so zu einem sozialen Erlebnis, das die Freude an beiden Welten – Fitness und Gaming – verstärkt.

5. Die eigene Gesundheit ist das größte Spielziel

Schließlich ist es wichtig, sich immer wieder daran zu erinnern, dass der eigentliche Gewinn nicht die Highscores im Spiel oder die Belohnungen in einer App sind. Der wahre Gewinn liegt in der Verbesserung der eigenen Gesundheit, der Erhöhung des Wohlbefindens und der Steigerung der Lebensqualität. Fitness ist kein Wettbewerb gegen andere, sondern ein persönliches Ziel, das einem zu mehr Energie, besseren Lebensgewohnheiten und einem gesünderen Körper führt.

Motivation zur Umsetzung:

Wenn du als Gamer die Entscheidung triffst, Fitness aktiv in dein Leben zu integrieren, gibst du nicht nur deinem Körper die Chance, gesünder und leistungsfähiger zu werden, sondern du erhöhst auch die Qualität deines Gaming-Erlebnisses. Die richtige Balance zwischen Bewegung und Spiel wird dir nicht nur dabei helfen, fitter zu werden, sondern auch deine Konzentration und deine Reaktionszeiten zu verbessern. Deine Fitnessreise muss nicht entmutigend oder langweilig sein – sie kann spannend, unterhaltsam und vor allem nachhaltig sein, wenn du die richtigen Werkzeuge nutzt und dabei Spaß hast.

Fange klein an, bleibe konsequent und feiere deine Fortschritte. Deine Reise zu einer besseren Fitness als Gamer ist nicht nur ein langfristiges Ziel – sie ist eine spannende und lohnende Herausforderung, die dir neue Horizonte eröffnet. Du bist der Spieler deines Lebens, und dieses Mal geht es darum, nicht nur das nächste Level im Spiel zu erreichen, sondern auch das nächste Level in deinem eigenen Wohlbefinden.

IMPRESSUM

Dieses Buch ist ein Produkt von Ugur Koca, an dem viele mitgewirkt haben. Insbesondere:
Lektorat und Korrektorat Aydin Koca

Covergestaltung Aydin Koca und Ugur Koca

Coverbild https://www.canva.com

Wir hoffen sehr, dass Ihnen unser Buch gefallen hat. Gerne können Sie uns Ihre Meinung mitteilen unter aydin1stgt@hotmail.de

1. Auflage 2024

Autor: Jasper Virtus

© Jasper Virtus 2024

Kontakt:

Aydin Ilker Koca

Beskidenstr. 7

70734 Fellbach

www.ingramcontent.com/pod-product-compliance
Lightning Source LLC
Chambersburg PA
CBHW030035230526
45472CB00002B/525